RÉFLEXIONS

POLITIQUES

SUR LES TROUBLES ET LA SITUATION

DE LA PARTIE FRANÇOISE

DE SAINT-DOMINGUE;

Publiées par les commissaires des citoyens de couleur de Saint-Marc et de plusieurs paroisses de cette colonie, auprès de l'assemblée nationale et du roi.

A PARIS,

DE L'IMPRIMERIE DU PATRIOTE FRANÇOIS,
Place du Théâtre Italien.

JUIN 1792, L'AN 4.me DE LA LIBERTÉ.

RÉFLEXIONS POLITIQUES

SUR LES TROUBLES ET LA SITUATION

DE LA PARTIE FRANÇOISE

DE SAINT-DOMINGUE,

Publiées par les commissaires des citoyens de couleur de Saint-Marc et de plusieurs paroisses de cette colonie auprès de l'assemblée nationale et du roi.

Nº. I.

LES insurgens de la partie françoise de Saint-Domingue travaillent, depuis deux ans, à soustraire cette colonie à la domination de la métropole. Ne pouvant soutenir leur systême par la force, ils l'ont couvert, aux yeux de la nation, du prétexte des nouvelles lois ; ils ont appelé la discorde et le ravage, pour que l'objet de leur conquête n'excitât plus de regrets. Le chef-d'œuvre de leurs manœuvres a été jusqu'ici de tromper la France, de se donner des protecteurs et de l'appui jusques dans le sein de la métropole et auprès du commerce.

II.

Pour déconcerter ces factieux, l'assemblée nationale avoit pris de sages mesures ; mais l'inexécution de son décret du 12 octobre 1790, les a rendues inutiles ; celui du 15 mai 1791, en augmentant la masse des bons François, au-roit consolidé le règne de la justice et de la paix, si l'on avoit opposé la force aux fausses alarmes du préjugé. Cette autre loi ayant été méprisée par la première classe, les indépendans en firent un prétexte de plus pour rompre avec la métropole.

III.

Les malheurs de Saint-Domingue, qui tiroient leur origine de l'assemblée de Saint-Marc, s'agra-vèrent ainsi dans un moment difficile, où l'esprit public ne résidoit pas même chez les planteurs et les propriétaires, qui ne voulurent pas élever les citoyens de couleur jusqu'à eux. Leurs plain-tes et leurs murmures donnèrent une nouvelle audace aux indépendans, qui ne craignoient plus rien depuis l'arrivée de la station et le massacre du colonel Mauduit.

IV.

Voici quelques principes sur l'origine et le

desir de l'indépendance. Un germe de division qui ne manquoit que de prétextes pour éclater, existoit à Saint-Domingue long-temps avant la révolution ; il provenoit des avances considérables que le commerce ne cessoit de faire aux habitans, et des énormes créances que ceux-ci avoient contractées.

V.

Il ne falloit autrefois que du crédit pour acquérir d'immenses propriétés dans les colonies. Le sol établissoit ce crédit auprès du commerce, qui fournissoit les forces nécessaires à la culture et à l'exploitation des denrées, ainsi que tous les objets nécessaires à la vie : quelques années de travail et de revenu suffisoient ensuite pour éteindre la dette principale.

VI.

Les grandes alliances, le luxe et les plaisirs ont consumé les fortunes et appauvri beaucoup d'habitans à Saint-Domingue, lesquels ont accusé de concussion le gouvernement et le commerce, parce qu'ils avoient eux-mêmes de grandes obligations à remplir.

VII.

Les chefs de la faction ont bien plus étendu

leurs vues. Ils ont voulu trouver dans la régénération la fin de leurs embarras ; et pour ne plus dépendre des lois dont ils redoutoient les effets, ils ont adopté un systême d'indépendance. (1)

VIII.

La généreuse résistance des bons François, et la loi mémorable du 12 octobre, couvrirent nos insurgens d'humiliation et d'opprobre. Ils ajoutèrent alors à leur premier dessein, celui d'une épouvantable vengeance. Le généreux Caudère et le brave colonel Mauduit tombèrent sous leurs coups........ A peine les 85 *Léopardins* furent - ils de retour à Saint - Domingue, qu'une grande révolte éclata parmi les esclaves de la province du Nord. Il semble qu'elle devoit la première être punie d'avoir, plus que les autres, contribué à l'embarquement de l'as-

______

(1) Il est connu que, quelques jours après l'installation de l'ancienne assemblée de Saint-Marc, le président B. D. L. C. fonda une loge. Les frères qu'il choisit étoient dignes, comme lui, de prêter l'horrible serment de répandre jusqu'à la dernière goutte de leur sang pour rendre la partie françoise de Saint-Domingue indépendante des lois et de la domination de la métropole.

semblée coloniale. Le commerce de France devoit se décider, par cette catastrophe, à laisser
à la colonie le soin de se préserver, en faisant
elle-même ses lois : ce succès pouvoit-il ne pas
convenir aux indépendans ? (1)

IX.

Lorsque les citoyens de couleur réclamèrent
leurs droits, ils protestèrent de leur inviolable
attachement à la mère-patrie. Cet acte de fidélité
leur valut une proscription générale. Pour la
justifier, il falloit les provoquer à des actes de
récrimination et de vengeance, en leur arrachant
des cocardes nationales, en les désarmant, en
les chassant des villes avec les blancs que l'a-
mour de la paix et de la justice avoit unis à
leur cause ; il falloit leur opposer le plus d'ha-

---

(1) Une lettre imprimée en France, souscrite par
M. Goui-d'Arcy, fut envoyée au Cap, en grand
nombre d'exemplaires, avant même que la révolte
du Nord eut éclaté. Elle renfermoit des principes
qui indiquoient un grand bouleversement, comme
le moyen le plus propre à écarter toute influence
de la métropole sur la colonie. Nous n'analyserons
pas davantage cette incendiaire lettre, qui fut dé-
noncée à l'assemblée nationale par M. Bieuzac.

bitans qu'on pouvoit, et qu'on attiroit dans les villes du *rendez-vous*, où, par de fausses alarmes, ils venoient se réfugier ; il falloit corrompre les noirs, exciter par-tout la désolation et le carnage, envelopper sous la désignation de brigands et de rebelles, les confédérés de toute la colonie, tourner ensuite contre eux les forces mêmes de la nation. Que d'horreurs devoit produire cette dernière disposition, ménagée avec la suppression des subsistances et de tous les objets nécessaires à la vie ! La ville du Cap a fait cause commune avec les indépendans, sans le savoir, et pour perpétuer le sort primitif des hommes de couleur ; parce qu'outre le préjugé par lequel elle étoit dominée, on ne vouloit pas convenir dans cette ville que l'affaire d'Ogé et de Chavannes étoit un meurtre juridique, qui fait frémir la nature.

X.

Une dernière opération couronnoit cet ouvrage, c'étoit la promesse et le partage des biens des hommes de couleur à tous ceux qui pouvoient servir d'instrument à la grande et détestable conjuration.

XI.

Ce plan a été fidélement exécuté à Saint-Domingue,

Domingue, depuis le 21 novembre dernier. Si la France ne venoit pas bientôt au secours de sa colonie, il faudroit la reconquérir ; mais il n'en seroit pas moins problématique que l'état pût, après plusieurs années, se dédommager des frais de sa conquête.

XII.

Nous pouvons avancer que, dans tout l'empire français, nulle classe d'hommes n'est plus fidélement attachée a la mère-patrie que celle des citoyens de couleur. La moitié de leur origine fait tout leur trésor, toute leur gloire.

XIII.

Si les prétendus patriotes de Saint-Domingue n'avoient eu que des intentions pures, en voulant préserver la colonie des abus de l'ancien gouvernement, ils auroient élevé jusqu'à eux les citoyens de couleur : pouvoient-ils craindre alors les partisans de l'ancien régime ?

XIV.

Si l'élévation des citoyens de couleur à l'égalité des blancs pouvoit porter quelqu'atteinte au systême colonial, il faudroit donc priver les uns et les autres du partage de l'autorité publique, Cependant, en unissant deux classes contre une, il n'est plus d'inconvéniens à craindre.

XV.

Quelle que soit un jour la constitution de Saint-Domingue, il est certain que trente mille hommes, et dont la progression est incalculable dans l'intervalle de quelques années, presque tous issus de François, attachés au ſol par leurs mœurs et leurs propriétés, n'y supporteront pas désormais un opprobre égal à celui de la servitude, ni la privation des charges publiques.

XVI.

Les malheurs qu'on impute aux hommes de couleur, proviennent en grande partie de leur inviolable attachement à la mère-patrie ; plus les indépendans se sont efforcés de les corrompre et de les trahir, plus leur résistance a été terrible.

XVII.

On leur a donné d'ailleurs de trop mauvais exemples. Ils n'avoient pas encore osé réclamer leurs droits, qu'on avoit, sous leurs yeux, massacré un homme (1) qui sollicitoit l'amélioration

____

(1) M. Ferrand de Baudières.

de leur sort ; on avoit immolé le boulevard de la colonie, cet homme à qui l'assemblée nationale avoit décerné des éloges honorables ; on avoit redoublé les vexations et le mépris pour tous les individus de leur classe ; le fer et le feu avoient été portés sur leurs propriétés, dans le sein de leur famille, et plus de cinquante infortunés avoient reçu l'infamie et le supplice sur l'échafaud du Cap.

X V I I I.

Jamais les hommes de couleur n'ont ressenti le poids du préjugé, ni de leur exclusion à tout état politique, que depuis la révolution ; chaque citoyen blanc, actif ou armé, est devenu pour eux un espion de leur conduite, de leurs propos, toujours prêt à les dénoncer comme coupables de quelque desir de mériter les bienfaits de la patrie. Les prétendus patriotes établissoient ainsi une horrible inquisition et un asservissement jusqu'alors inconnu, et trop contradictoire aux principes promulgués des droits de l'homme et de l'égalité.

X I X.

Un observateur impartial, témoin des révolutions de Saint-Domingue, prouvera quand il voudra que les hommes de couleur étoient plus doux et plus humains que les blancs de la colonie : on ne peut même leur reprocher un seul attentat qui n'ait été provoqué par une série d'événemens atroces.

X X.

Le dernier période de l'oppression est celui où l'homme flétri se dénature lui - même et se laisse entraîner au désespoir.

X X I.

Les citoyens de couleur de la province de l'Ouest ont fait trois ou quatre traités avec le Port - au - Prince , et les autres paroisses, au nombre de treize ; mais l'assemblée provinciale de l'Ouest, la municipalité et le chef de la garde nationale, etc. etc. ont tous violé , tous trahi les hommes de couleur. Ils ont également été trahis et attaqués à Jacmel , dans l'Artibonite, au petit Goave. Ceux de la province du Sud ont traité toutes les fois qu'on a voulu ; mais à Jérémie, à Cavaillon, aux Caïmites, aux Cayes, ils ont éprouvé des perfidies inouies. La nature frémit au souvenir des supplices et des indignes traitemens qu'on a vu jusqu'aujourd'hui dans plusieurs villes ou bourgs de ces provinces , sous les auspices de l'assemblée coloniale. Ceux de la province du Nord, peu nombreux, et déconcertés par la révolte des nègres, à laquelle ils n'ont pas en général contribué, se sont retranchés dans divers lieux, où ils sont restés spectateurs tranquilles, et prêts à défendre leur vie ; mais au Port-de-Paix, l'œuvre abominable a été consommée.

X X I I.

Avant la révolution, ils supportoient patiemment le despotisme de quelques grands, et le préjugé de toute la classe des blancs ; mais ils n'avoient à craindre que les violences et les injustices des *petits blancs*, qui étoient à leur tour réprimés par une autorité légitime. Aujourd'hui ils ne peuvent souscrire à un ordre de choses qui élève et privilégie le blanc le plus méprisable....; ils ne voient que des tyrans et des despotes dans leurs concitoyens...; de plus, ils périront tous, plutôt que de favoriser l'indépendance, travestie en principes constitutionnels.

X X I I I.

Tant que l'association des soi-disant patriotes existera à Saint-Domingue, elle professera les principes sur lesquels elle s'est établie ; sa corruption sera déguisée, elle grimacera ler vertus civiques ; mais les individus ne se croiront libres que quand ils seront indépendans.

X X I V.

Il est impossible que les hommes de couleur aient eu le projet déterminé de détruire l'esclavage, puisque la richesse du sol sur lequel ils naissent et meurent seroit nulle sans propriétés mobiliaires. S'ils ont quelquefois associé des nègres à leurs armes, c'est qu'ils n'ont pas eu d'autre moyen pour opposer la force à la force, la récrimination à la proscription.

XXV.

La corruption des esclaves à Saint-Domingue pourroit avoir eu plusieurs causes ; mais une seule trame se défile avec clarté, avec vraisemblance. La vérité ne peut être cachée long-temps encore : en attendant, nous devons citer des faits notoires.

1°. L'assemblée coloniale a refusé à Jean-François (1) et à MM. les commissaires nationaux-civils, d'user de clémence, d'accorder quelques libertés pour terminer tous les malheurs, et faire rentrer les rebelles dans les ateliers. Son dernier

____

(1) Chef des nègres révoltés de la province du Nord-

refus a provoqué la dévastation de la paroisse d'*Ouanaminthe*, du quartier de *Mari-Barou*, et le massacre d'une centaine de blancs.

2°. Un membre de l'assemblée coloniale a été envoyé dans la province du Sud. A sa présence, les torches ont été allumées, des ruisseaux de sang ont coulé de toute part ; le missionnaire du crime a été accusé, dénoncé, poursuivi, arrêté, traduit devant l'assemblée coloniale. Là, il a été absous. Malheureusement pour ce coupable, il a produit un mémoire justificatif, et sa condamnation sort de sa propre bouche.

3°. Un myope qui étoit de l'ancienne assemblée, et qui a été hardiment poussé et admis dans la nouvelle ; un homme qui a professé une haine invétérée contre tous ceux qui s'opposèrent à ses desseins ; un homme qui a dirigé toutes les manœuvres, présidé à toutes les factions ; un homme qui a offert l'indépendance aux citoyens de couleur, qui les a tour à tour attirés et repoussés, caressés et joués, rassurés et trahis ; un homme qui, pour l'exécution de ses projets, se retira de l'assemblée coloniale, et resta dans la province de l'Ouest, où il fut revêtu par l'assemblée provinciale du titre pompeux de commandant général des gardes nationales de l'Ouest ; un homme à qui plus de vingt mille François demandent aujourd'hui leurs parens et leurs amis ; un homme qui seul a allumé la guerre civile de l'Ouest ; un homme dont la fortune étoit encore subordonnée à un tribunal, qu'il a su renverser à temps ; cet homme, inébranlablement furieux, despote et cruel dès son enfance, a le premier armé douze cens nègres au Port-au-Prince ; seul il est reconnu l'auteur du soulèvement des esclaves de la riche plaine du Cul-de-Sac.

X X V I.

Voici encore des preuves de la corruption des esclaves. Un membre de l'assemblée coloniale ayant proposé la formation d'un régiment d'Africains dans chaque province, on vit l'assemblée provinciale du Sud (1) ordonner à tous les habitans d'armer le dixième de leurs forces. Celle de l'Ouest, et la municipalité du Port-au-Prince, rendirent, le 13 février dernier, des arrêtés pour le même objet. Enfin il fut un foyer à Paris, non chez les amis des noirs, non chez les amis de la constitution, non dans l'assemblée nationale, mais plutôt dans un hôtel, où l'impolitique et l'immoralité ont combiné des manœuvres et agité des ressorts par lesquels on croyoit fixer la durée de la constitution . . . .

____

(1) Par un arrêté du 25 décembre.

XXVII.

X X V I I.

Pour ramener les esclaves au devoir et au travail, il n'y a plus qu'un moyen, car la force seule les détruiroit plus aisément qu'elle ne les rameneroit à des principes métaphysiques. Il faut leur opposer l'union constitutionnelle des blancs et des hommes de couleur. Un nègre libre qui voit toujours une infinie distance entre lui et le nègre non libre, peut en imposer à son atelier, et l'empire de celui-ci est le premier anneau de la chaîne qui lie tous les autres.

X X V I I I.

Les hommes de couleur et nègres libres se sont tellement resserrés dans les termes des droits de l'homme, qu'ils ne demandent que la cessation de l'opprobre, des vexations, de l'injustice, et l'acquisition du nom et des droits des François.

X X I X.

Si les tracasseries, les divisions, la guerre intestine duroient encore long-temps à Saint-Domingue, six cens mille esclaves en resteroient les maîtres, jusqu'à ce qu'ils fussent détruits comme les anciens *Caraïbes*.

X X X.

Le nègre transporté est un être grossier ; sa vie entière ressemble à l'enfance d'un blanc ; mais cette enfance ne peut manquer d'être corrompue par l'exemple des tracasseries inséparables des factions qui ont déchiré Saint-Domingue.

X X X I.

Ce n'est pas la force, ce n'est pas le préjugé qui peut soutenir le système colonial ; c'est le spectacle de la concorde et de la vigueur des lois qui divise les classes libres et non-libres, les enchaîne toutes dans la même subordination.

X X X I I.

La meilleure constitution pour une colonie seroit impossible à établir, avant d'avoir dissipé les factions et assuré à une foule d'êtres souffrans la sécurité qu'ils ne trouvent plus que dans les montagnes.

X X X I I I.

La commission nationale envoyée à Saint-Domingue avoit peu de forces, et, par une suite d'horribles manœuvres, elle a été dépouillée de celles qui pouvoient soutenir ses opérations. C'est par une conduite admirable et une fermeté à toute épreuve, que M. St.-Léger a préservé des quartiers considérables de la province de l'Ouest. Il a mille fois déconcerté les mesures des indépendans ; il a rassuré les citoyens de couleur ; il a purgé quelques quartiers des brigands qui l'infestoient ; il a fait tout ce qu'il a pu..... Si les dispositions futures sont heureuses, on dira de lui qu'il est de ces hommes auxquels il ne manque qu'une circonstance.

Signés, les députés des citoyens de couleur de Saint-Marc et de plusieurs paroisses de Saint-Domingue, VIART, DUBOURG, CHANLATE, jeune.

F. OUVIÈRE, P. adjoint à la députation.

Paris, ce 5 Juin 1792.

www.ingramcontent.com/pod-product-compliance
Lightning Source LLC
Chambersburg PA
CBHW061711050726
47598CB00004B/1774